G. Poggenpohl

Wildgerichte

G. Poggenpohl

Wildgerichte

EDITION XXL

Vorwort

Wild war vor vielen Jahrtausenden die natürliche Fleischnahrung der Menschen.

Später, als man damit anfing, gefangene Tiere zu züchten, wurden diese nur mit ihrer natürlichen Nahrung ernährt. In der heutigen Zeit, im Zeitalter der Massentierhaltung, beeinflussen die Menschen bewusst den Geschmack des Fleisches. Wenn Sie den ursprünglichen Geschmack von Fleisch erleben wollen, bietet Ihnen Wild in jeglicher Form die Möglichkeit dazu.

Ein saftiger Wildschweinbraten z. B. vermittelt Ihnen dieses Geschmackserlebnis.

Wildgeflügel, das in seiner natürlichen Umgebung aufgewachsen ist, sollten Sie aufgrund seines intensiven Geschmacks unbedingt einmal probieren. Im Gegensatz zu den gezüchteten, gemästeten Tieren hat Wildfleisch übrigens nur einen geringen Fettanteil.

Die in diesem Buch enthaltenen Rezepte zeigen Ihnen, wie man Wild in vielen Variationen und Geschmacksrichtungen zubereiten kann. Sie finden neue erprobte Rezepte vom Reh über Wildkaninchen bis zum Perlhuhn.

Wenn Sie Ihren Gästen etwas Besonderes bieten wollen, servieren Sie ihnen doch einmal ein Wildgericht!

Ihr G. Poggenpohl

Ratgeber

Bei der Auswahl der Zubereitungsart des Wildes spielt das Alter eine entscheidende Rolle. Älteres Wild, wie Reh, Hirsch, Gams oder Hase, kann man durch Einlegen bekömmlicher und zarter machen. Das Gleiche gilt auch für Wildgeflügel. Die Beizflüssigkeit sollte immer so bemessen sein, dass das zu beizende Fleisch gut bedeckt ist. Beizen müssen immer erkaltet sein. Der Beizzeitraum liegt in der Regel bei zwei bis drei Tagen. Bei allen Beizen verwendet man Wurzelgemüse, wie Karotten, Sellerie, Lauch, Zwiebeln und Petersilienwurzel. Als Gewürze eignen sich Pfefferkörner, Wacholderbeeren, Lorbeerblätter, Thymian, Nelken, Koriander und Piment. Es können auch andere Gewürze verwendet werden, die dann allerdings einen größeren Einfluss auf den Geschmack des Fleisches haben, wie z. B. Rosmarin, Salbei, Ingwer und Knoblauch.

Nach dem Beizen können Sie das Fleisch oder Geflügel wie in den Rezepten beschrieben weiterverarbeiten.

Folgende Beizen eignen sich besonders:

Die Weinbeize:
Essig und Wasser zu gleichen Teilen, mit Wurzelgemüse und Gewürzen aufkochen, erkalten lassen. Nach dem Erkalten die gleiche Menge Weißwein oder Rotwein hinzufügen und das Fleisch darin einlegen.

Die Essigbeize:
Essig und Wasser zu gleichen Teilen, mit Wurzelgemüse und Gewürzen aufkochen, erkalten lassen und das Fleisch darin einlegen. Da Essig den Geschmack des Fleisches verändert, sollten Sie nur qualitativ hochwertigen Weinessig verwenden.

Die Butter- oder Sauermilchbeize:
Butter- oder Sauermilch mit Wurzelgemüse und Kräutern vermischen und das Fleisch darin einlegen.

Alle Rezepte sind für vier Personen berechnet.

Abkürzungen der Maßeinheiten

kg	Kilogramm
g	Gramm
ml	Milliliter
1 EL	1 Esslöffel = 15 ml = 15 g
1 TL	1 Teelöffel = 5 ml = 5 g
1 ml	1 g
1 l	ein Liter = 1000 ml = 1 kg = 1000 g

Rehrücken „en papillote“

Zutaten:

1,5 kg Rehrücken
100 g USA-Sonnenblumenkerne
4 Scheiben Weizen-Toastbrot
50 g weiche Butter
2 Eigelb
20 Wacholderbeeren
5 Pimentkörner
2 EL grob gehackte Rosmarinnadeln
1 TL Dijon-Senf
Salz, Pfeffer
250 g kernlose Trauben
Pergamentpapier

Zubereitung:

1. Den Rehrücken von Haut und Sehnen befreien und an jeder Seite am Knochen entlang 2 cm tief einschneiden.

2. Die Sonnenblumenkerne grob hacken, das Brot toasten und fein zerbröseln. Die Brösel mit den Sonnenblumenkernen, der Butter, den Eigelben, den zerstoßenen Wacholderbeeren, den Pimentkörnern, den Rosmarinnadeln, dem Senf, dem Salz und dem Pfeffer zu einer Masse verarbeiten.

3. Den Backofen auf 200° C vorheizen.

4. Zwei entsprechend große Stücke Pergamentpapier über Kreuz legen und mit Butter einfetten. Den Rehrücken darauf legen und mit der Masse bestreichen. Dabei die Masse auch in die Einschnitte füllen.

5. Die Trauben waschen, von den Stielen streifen und um den Rehrücken legen.

6. Das Pergamentpapier locker über dem Fleisch zusammenfalten und die Ränder fest verschließen. Das Paket in die Saftpfanne legen, auf der mittleren Schiene 50 Minuten braten. Dann das Papier oben öffnen. Weitere 10 Minuten braten. Den Rehrücken noch mindestens 5 Minuten ruhen lassen.

7. Die Filets von den Knochen lösen, in Scheiben schneiden und mit den Trauben und dem Bratensaft anrichten.

Tipp: Bratensaft auffangen, mit Wildfond einkochen und mit kalter Butter oder Crème fraîche verfeinern.

Reh

Rehlendchen mit Mandelkruste

Zutaten:

600 g Rehlende

für die Soße:
800 g Rehknochen, klein gehackt
400 ml Wildfond
1/4 l Rotwein, 1/8 l Portwein
2 EL Balsamico-Essig
1 TL Zucker, 1 Zwiebel
1 Karotte, Salz, Pfeffer
1 kleines Stück Sellerie, in groben Würfeln
1 EL kalte Butter

für die Mandelkruste:
100 g Butter
30 g kalifornische Mandeln, gemahlen
40 g grob geriebenes Weißbrot
20 g kalifornische Mandelblättchen
Salz, Pfeffer

für die Polenta:
250 ml Milch
250 ml Wasser
80 g Polenta
300 g Brokkoli
Salz
Muskat
Butter zum Braten

Zubereitung:

1. Die Rehlendchen rundum scharf anbraten, salzen und pfeffern. Danach im vorgeheizten Ofen bei 130° C ca. 25 Min. weitergaren.

2. Für die Mandelkruste die Butter schaumig rühren, salzen und pfeffern. Die gemahlenen Mandeln und die Mandelblättchen zusammen mit dem Weißbrot unterziehen und beiseite stellen.

3. Für die Soße den Zucker karamellisieren. Die Rehknochen und das Gemüse dazugeben, scharf anrösten und mit Rotwein, Portwein und Balsamico-Essig ablöschen, völlig einkochen lassen. Anschließend mit Wildfond auffüllen und zur Hälfte einkochen lassen. Die Soße passieren, aufkochen und die kalte Butter einrühren. Mit Salz und Pfeffer abschmecken. Nicht mehr kochen lassen.

4. Für die Polenta Milch und Wasser mit Salz aufkochen, die Polenta zugeben und unter Rühren ein paar Minuten köcheln lassen. Die Masse auf ein mit Wasser abgespültes Backblech geben und auskühlen lassen. Mit einem Ausstecher kleine Halbmonde ausstechen und in Butter braten.

5. Den Brokkoli in Salzwasser kochen. Anschließend in Butter schwenken und mit Muskat würzen.

6. Die Mandelmasse auf die Rehlendchen streichen und unter dem Grill hellbraun gratinieren. Danach alles auf Tellern anrichten und servieren.

Rehkeule mit Senf-Thymian-Sosse

Zutaten:

1 kg Rehkeule,
tiefgefroren (z. B. von Geti Wilba)
Salz, Pfeffer
4 EL Speiseöl
375 ml Fleischbrühe
125 ml trockener Weißwein
1-2 EL mittelscharfer Senf
1 EL Senf bayrisch-süß
1 EL Crème fraîche
2 EL Thymian
1 EL dunkler Soßenbinder

Zubereitung:

1. Die Rehkeule auftauen, mit Salz und Pfeffer würzen. Öl in einem Topf erhitzen und die Rehkeule von allen Seiten darin anbraten. Die Brühe angießen, bei milder Hitze ca. 70 Minuten schmoren.

2. Danach das Fleisch herausnehmen und warm stellen. Den Bratenfond mit dem Wein aufgießen. Mit Senf, Crème fraîche und Thymian abschmecken, aufkochen lassen und mit dunklem Soßenbinder andicken.

3. Die Rehkeule in Scheiben schneiden und mit der Soße auf Tellern anrichten.

4. Nach Wunsch mit Schupfnudeln und Rote-Beete-Salat servieren. Als Dekoration einen frischen Thymianzweig dazulegen.

Tipp: Wie immer sollten Sie frischen Thymian dem getrockneten vorziehen.

Rehfilet „Hubertus"

Zutaten:

600 g Rehfilet
2 EL Bratfett
100 ml Rotwein
200 g Pfifferlinge
2 EL Crème fraîche
1 EL Speisestärke
4 Birnen
2 EL Butter
4 EL Preiselbeeren
Salz, Pfeffer

Zubereitung:

1. Die Haut und die Sehnen vom Rehfilet entfernen, das Fleisch mit Salz und Pfeffer würzen.

2. Das Bratfett in einer Pfanne erhitzen und das Filet von allen Seiten insgesamt 15 Minuten braten. Das gebratene Rehfilet in Alufolie einwickeln und ca. 15 Minuten ruhen lassen.

3. Den Rotwein mit einem Esslöffel Speisestärke vermischen und den Bratensatz damit loskochen, mit Salz und Pfeffer abschmecken.

4. Die Pfifferlinge putzen, einen Esslöffel Butter in einer Pfanne erhitzen und die Pilze darin braten. Die Crème fraîche einrühren, mit Salz und Pfeffer würzen.

5. Die Birnen in Spalten schneiden und das Kerngehäuse entfernen. Einen Esslöffel Butter in einer Pfanne schmelzen und die Birnenspalten darin andünsten.

6. Das Rehfilet aus der Alufolie nehmen, aufschneiden, mit den Beilagen auf Tellern anrichten und servieren.

Hirsch-Medaillons in Pfeffersosse

Zutaten:

200 g Camargue-Reis
(ersatzweise Wildreis)
800 g Hirsch-Medaillons
(z. B. von Geti Wilba)
3 EL Speiseöl
2 weiche Birnen
1/4 l Wildfond
2 cl Madeira
1 Becher süße Sahne
2 EL bunte Pfefferkörner, Salz
200 g Austernpilze

Zubereitung:

1. Den Reis nach Packungsanweisung in Salzwasser kochen.

2. Die Hirsch-Medaillons auftauen lassen, 2 EL Öl in einer Pfanne erhitzen und die Medaillons ca. 2 Minuten von beiden Seiten braten und warm stellen.

3. Die Birnen vierteln, das Kerngehäuse entfernen, schälen, würfeln und im Bratfett kurz dünsten. Den Wildfond und den Madeira angießen, aufkochen lassen und pürieren. Die Sahne und die Pfefferkörner dazugeben und die Soße etwas einkochen lassen.

4. Die Austernpilze putzen, waschen, klein schneiden, im restlichen Öl braten und unter den Reis mischen.

5. Die Hirsch-Medaillons und die Soße mit dem Reis auf Tellern anrichten und servieren.

Hirsch

Hirschsteaks mit Käsekräuterkruste

Zutaten:

4 Hirschsteaks
4 Scheiben Toastbrot
100 g Blauschimmelkäse
1/2 Bund Thymian
2 EL Bratfett
Salz, Pfeffer

Zubereitung:

1. Den Backofen auf 200° C vorheizen.

2. Die Brotscheiben und den Blauschimmelkäse in Stücke reißen, die Blätter des Thymians abzupfen und alles zusammen in einer Küchenmaschine zu einer Masse verarbeiten.

3. Die Hirschsteaks mit Salz und Pfeffer würzen. Das Bratfett in einer Pfanne erhitzen und die Steaks darin ca. 4 Minuten von beiden Seiten braten.

4. Die Hirschsteaks in eine Auflaufform geben und die Käsemasse darauf verteilen. Das Ganze ca. 10 Minuten backen.

5. Die Hirschsteaks mit Mischgemüse servieren.

Hirschgeschnetzeltes in Fruchtsosse

Zutaten:

400 g Hirschgeschnetzeltes
(z. B. von Geti Wilba)
2 EL Sonnenblumenöl
2 Schalotten
200 ml Wildfond
50 ml Orangensaft
4 EL Mango-Chutney
1 EL heller Soßenbinder
1 Papaya
Salz, Pfeffer

Zubereitung:

1. Das Hirschgeschnetzelte auftauen, mit Salz und Pfeffer würzen. Das Öl in einem Topf erhitzen, das Geschnetzelte darin braten, herausnehmen und warm stellen.

2. Die Schalotte abziehen, fein würfeln und im Bratensatz dünsten. Den Wildfond und den Orangensaft angießen, das Mango-Chutney dazugeben und etwas einkochen lassen. Mit hellem Soßenbinder andicken.

3. Die Papaya schälen, die Kerne mit einem Löffel herauslösen, das Fruchtfleisch in Würfel schneiden und mit dem Geschnetzelten in die Soße geben.

4. Das Hirschgeschnetzelte auf Tellern anrichten und mit schmalen, grünen Bandnudeln und exotischen Früchten servieren.

Böhmische Hirschrouladen

Zutaten:

50 g Zwiebeln
50 g Schalotten
50 g Champignons
50 g Möhren
50 g Sellerie
4 dünne Hirschschnitzel
4 hauchdünne Scheiben durchwachsener Speck
4 getrocknete Pflaumen
4 getrocknete Aprikosen
4 Walnüsse
50 g Butterschmalz
1 Lorbeerblatt
5 Wacholderbeeren
400 ml Pilzfond
1/4 l Rotwein
100 g süße Sahne
Salz, Pfeffer

Zubereitung:

1. Die Zwiebeln und die Schalotten schälen, die Zwiebeln in Ringe schneiden, die Schalotten vierteln. Die Champignons putzen und in dünne Scheiben schneiden. Die Möhren und den Sellerie putzen, waschen, schälen und würfeln.

2. Die Hirschrouladen mit Salz und Pfeffer würzen. Jedes Schnitzel mit einer Scheibe Speck, einigen Champignons, dünnen Zwiebelringen, je einer Pflaume, Aprikose und Walnuss belegen und fest aufrollen. Mit Küchengarn zusammenbinden.

3. Das Butterschmalz in einem Topf erhitzen. Die Rouladen ringsherum anbraten. Das Gemüse und die Schalotten kurz mitbraten. Lorbeerblatt und Wacholderbeeren zugeben und mit dem Pilzfond und Rotwein ablöschen. Salzen und pfeffern. Zugedeckt ca. 40 Minuten schmoren lassen.

4. Dann die Rouladen herausnehmen, Fond durch ein Sieb gießen, Sahne zugeben und etwas einkochen. Die Rouladen mit der Soße servieren.

Dazu schmecken gedünstete Birnen mit Preiselbeeren und Kartoffelfleckerl.

Gamsbraten in Wacholderrahm

Zutaten:

1 kg Gamsbraten
1 Karotte, 2 Zwiebeln
2 EL Wacholderbeeren
1 EL Pfefferkörner, 1 Nelke
2 Lorbeerblätter
1/8 l Essig
1/8 l Rotwein
250 g Pilze
1 Becher Crème fraîche
1 TL Zucker, Bratfett
Salz , Pfeffer

Zubereitung:

1. Die Zwiebeln und die Karotte schälen und in Stücke schneiden. Die Pfefferkörner und Wacholderbeeren in einem Mörser zerstoßen. Den Essig und den Rotwein in eine Schüssel gießen, das Gemüse, die Lorbeerblätter, die Nelke, die Pfefferkörner und 1 EL Wacholderbeeren dazugeben, den Gamsbraten in die Beize legen, abdecken und ca. 2 Tage darin belassen. Das Fleisch ab und zu wenden.

2. Das Fleisch aus der Beize nehmen, abtrocknen und mit Salz und Pfeffer würzen. Die Beize durch ein Sieb abgießen und beiseite stellen.

3. Den Backofen auf 200° C vorheizen. Bratfett in einem Schmortopf erhitzen und den Gamsbraten von allen Seiten darin anbraten. Mit der Hälfte der Beize ablöschen, den Braten ca. 60 Minuten schmoren, immer wieder mit der noch vorhandenen Beize übergießen.

4. Die Pilze putzen und in Scheiben schneiden, die restlichen Wacholderbeeren in einem Mörser fein zerstoßen oder mahlen.

5. Braten aus dem Topf nehmen und warm stellen. Die Pilze, die Crème fraîche und die Wacholderbeeren in die Soße einrühren, mit Salz, Pfeffer und Zucker abschmecken.

6. Den Gamsbraten aufschneiden und mit der Soße servieren.

Gams

Gamsfilet mit Sauerkirschsosse

Zutaten:

600 g Gamsfilet
500 g Sauerkirschen
1/4 l Rotwein
50 g Zucker
1 Stange Zimt
4 Nelken
20 g Ingwer
einige Salbeiblätter
1 EL Speisestärke
2 EL Olivenöl
Salz, Pfeffer

Zubereitung:

1. Die Sauerkirschen abschütten, den Saft auffangen, die Sauerkirschen in Stücke schneiden. Den Ingwer schälen und fein reiben.

2. Das Gamsfilet von Haut und Sehnen befreien, mit Salz und Pfeffer würzen. Das Olivenöl in einer Pfanne erhitzen und das Filet darin von allen Seiten insgesamt 15 Minuten braten. Das Filet in Alufolie einwickeln und ruhen lassen.

3. Den Rotwein mit der Speisestärke verrühren. Den Bratensatz mit dem Rotwein aufgießen, die Sauerkirschen, den Ingwer, die Gewürze und die Salbeiblätter dazugeben und alles aufkochen, mit Zucker, Salz und Pfeffer abschmecken. Wenn die Soße zu dick ist, mit etwas Kirschsaft verdünnen.

4. Das Gamsfilet aus der Alufolie nehmen, aufschneiden und mit der Kirschsoße servieren.

Wildschweinragout „Savoyen"

Zutaten:

600 g Wildschweinfleisch
2 EL Olivenöl
3 Knoblauchzehen
1/2 l Weißwein
100 g Schalotten
100 g Pilze
100 g Tomaten
1 Bund gemischte Kräuter
1 EL Mehl
Salz
Pfeffer

Zubereitung:

1. Das Wildschweinfleisch in 2 cm Stücke schneiden. Das Bratfett in einem Topf erhitzen und das Fleisch darin kräftig anbraten. Das Mehl darüber streuen, mit dem Fleisch vermischen, ca. eine Minute braten und mit dem Weißwein ablöschen, dann ca. 20 Minuten köcheln.

2. Die Knoblauchzehen und die Schalotten schälen. Die Schalotten vierteln und den Knoblauch in Scheiben schneiden. Die Pilze putzen, zerteilen, die Tomaten waschen und in mundgerechte Stücke schneiden. Die Kräuter abbrausen, die Blätter oder Nadeln von den Stielen zupfen und grob hacken.

3. Das Gemüse und die Kräuter zu dem Fleisch geben und ca. 3 bis 4 Minuten mitkochen lassen. Das Ragout mit Salz und Pfeffer abschmecken und servieren.

Wildschwein

Wildschweinbraten in Fruchtsosse

Zutaten:

1 kg Wildschweinbraten
2 EL Bratfett
300 g schwarze Johannisbeeren
1/4 l Fleischbrühe
50 g Zucker
Salz
Pfeffer

Zubereitung:

1. Die Johannisbeeren verlesen und waschen.

2. Den Wildschweinbraten mit Salz und Pfeffer würzen. Das Bratfett in einem Schmortopf erhitzen und den Braten von allen Seiten darin anbraten. Mit der Hälfte der Fleischbrühe aufgießen und 2/3 der Johannisbeeren dazugeben.

3. Den Braten in den auf 200° C vorgeheizten Backofen geben und ca. 1 1/2 Stunden braten. Den Braten immer wieder übergießen, gegebenenfalls weitere Fleischbrühe zufügen.

4. Den Braten aus dem Topf nehmen und warm stellen.

5. Die restliche Fleischbrühe und den Zucker in die Soße rühren, mit einem Pürierstab pürieren. Die restlichen Johannisbeeren in die Soße geben, einmal aufkochen lassen, mit Salz und Pfeffer abschmecken.

6. Den Braten aufschneiden und mit der Soße servieren. Zu diesem Gericht passen Semmelknödel.

Wildschweingulasch mit Dunkelbier

Zutaten:

700 g Wildschweingulasch
500 g Zwiebeln
2 Knoblauchzehen
1 Zitrone
4 EL mildes Paprikapulver
1 EL scharfes Paprikapulver
1 EL Senf
1 EL Majoran
1/2 TL Kümmel
1 l Malzbier
Salz, Pfeffer

Zubereitung:

1. Die Zwiebeln und die Knoblauchzehen schälen, in Würfel schneiden. Den Majoran abbrausen, ausschütteln und die Blätter von den Stielen zupfen.

2. Das Bratfett in einem Topf erhitzen, die Zwiebeln hineingeben, anbraten, bis sie braun sind. Das Wildschweingulasch zu den Zwiebeln geben und ebenfalls kräftig anbraten. Das Paprikapulver darüber streuen und mit dem Bier ablöschen.

3. Den Knoblauch, den Majoran, den Kümmel und den Senf darunter rühren, alles vermischen und bei geschlossenem Deckel ca. 40 Minuten köcheln lassen. Das Gulasch ist fertig, wenn es schön dunkel und glänzend ist. Das Gulasch mit Salz und Pfeffer abschmecken und servieren.

Wildschweinbraten mit Honigkruste

Zutaten:

1 kg Wildschweinbraten
150 ml Honig
250 ml Malzbier
4 cl Weinbrand
1 Zitrone
1 EL mildes Paprikapulver
100 g Butter
1 Becher süße Sahne
Salz, Pfeffer

Zubereitung:

1. Den Backofen auf 180° C vorheizen. Die Zitrone auspressen.

2. Aus dem Honig, dem Malzbier, dem Weinbrand, dem Zitronensaft und dem Paprikapulver eine Marinade anrühren.

3. Den Wildschweinbraten vorbereiten, mit Salz und Pfeffer würzen. Die Butter in einem Schmortopf erhitzen und den Wildschweinbraten darin anbraten.

4. Den Braten von allen Seiten mit der Marinade bestreichen und im Backofen ca. 1 1/2 Stunden braten. Während dieser Zeit den Wildschweinbraten immer wieder bepinseln, bis keine Marinade mehr vorhanden ist.

5. Den Braten aus dem Topf nehmen und warm stellen. Die Sahne in die noch vorhandene Soße gießen und den Bratensatz loskochen. Sollte die Soße zu dünn sein, etwas einkochen lassen, dann mit Salz und Pfeffer abschmecken.

6. Den Braten aufschneiden und mit der Soße servieren.

Hasenrouladen „Argentino"

Zutaten:

600 g Hasenrückenfilets
(z. B. von Geti Wilba)
Salz, Pfeffer
2 EL Crème fraîche
8 Scheiben roher,
geräucherter Schinken
1 kleine Zwiebel
2 Schalotten

1 Möhre
1 Apfel
2 EL Speiseöl
3 EL Calvados
250 ml Gemüsebrühe
3 Blättchen Zitronenmelisse
2 Gewürznelken
2 EL Apfelsaft

Zubereitung:

1. Die Hasenrückenfilets nach Packungsanweisung auftauen lassen, waschen, trockentupfen, längs halbieren und zu langen, schmalen Rouladenstreifen klopfen.

2. Mit Salz und Pfeffer würzen, mit Crème fraîche bestreichen und mit je einer Scheibe Schinken belegen.

3. Die Zwiebel und die Schalotten abziehen, die Möhre und den Apfel waschen und schälen. Den Apfel halbieren, entkernen und alles würfeln. Die Zwiebel- und die Hälfte der Apfelwürfel auf dem Schinken verteilen. Die Filetstreifen zu Rouladen aufrollen, mit einem Bindfaden fixieren und in erhitztem Öl von allen Seiten anbraten.

4. Die Möhren-, die Schalotten- und die restlichen Apfelwürfel zu den Rouladen geben und mitdünsten. Den Calvados und die Gemüsebrühe angießen, die Melisseblättchen sowie die Nelken dazugeben und ca. 20 Minuten bei mittlerer Hitze garen.

5. Anschließend die Rouladen herausnehmen, warm stellen, die Nelken entfernen, den Bratenfond pürieren und mit dem Apfelsaft, Salz und Pfeffer abschmecken.

6. Den restlichen Schinken knusprig anbraten und die Hasenrouladen damit belegen. Auf Tellern anrichten und mit Kartoffelgratin servieren.

Wildhase

Hasentopf „Lukull"

Zutaten:

4 Packungen Hasentopf
(z. B. von Gut Adlersreuth) oder
400 g Hasenfleisch
2 EL Bratfett
2 Packungen Blätterteig
4 Frühlingszwiebeln
2 Möhren
Fett für die Form
1 Eigelb zum Bestreichen
Salz, Pfeffer

Zubereitung:

1. Den Hasentopf kurz antauen lassen oder das Hasenfleisch vom Knochen lösen und in kleine Stücke schneiden, mit Salz und Pfeffer würzen. Das Bratfett in einer Pfanne erhitzen und das Gulasch darin 7 Minuten braten.

2. Den Blätterteig auftauen lassen.

3. Die Frühlingszwiebeln putzen und waschen, die Möhren schälen und waschen. Danach die Frühlingszwiebeln in Ringe und die Möhren in dünne Scheiben schneiden.

4. Eine gefettete Auflaufform mit Blätterteig auslegen, dabei einen Rand hochziehen. Das Hasenfleisch einfüllen und das Gemüse darauf verteilen.

5. Aus dem restlichen Blätterteig eine Decke formen, auf die Füllung legen, am Rand gut festdrücken und mit einer Gabel mehrmals einstechen. Das Eigelb verquirlen und den Blätterteig damit bestreichen.

6. Im vorgeheizten Backofen bei 200° C ca. 25 Minuten knusprig goldbraun backen und nach Wunsch mit Kräutern garniert servieren.

Hasentopf

Hase in Wacholderrahmsosse

Zutaten:

2 Hasenrücken (je ca. 600 g)
Salz, Pfeffer
1 EL Wacholderbeeren
250 g Zwiebeln
150 g Kartoffeln
2 Möhren
1 Petersilienwurzel
1 EL Butterschmalz
1/2 l Wildfond
100 g Frühstücksspeck
in dünnen Scheiben
250 g süße Sahne

für den Haselnuss-Rosenkohl:
700 g Rosenkohl
3 EL Haselnussblättchen
1 EL Butterschmalz
1 Tasse Wildfond
Salz, Muskat

Zubereitung:

1. Die Hasenrücken mit Salz, Pfeffer und den zerdrückten Wacholderbeeren einreiben, einige Stunden zugedeckt in den Kühlschrank legen.

2. Die Zwiebeln, die Kartoffeln, die Möhren und die Petersilienwurzel schälen und würfeln.

3. In einem großen Bräter das Butterschmalz erhitzen und die Hasenrücken darin rundherum kurz anbraten. Dann das gewürfelte Gemüse dazugeben, kurz mitbraten und mit dem Wildfond aufgießen. Die Hasenrücken mit Speckscheiben belegen und 20 bis 30 Minuten bei 225° C im vorgeheizten Backofen schmoren lassen.

4. In der Zwischenzeit den Rosenkohl putzen und waschen, in Butterschmalz anschwitzen und mit Wildfond aufgießen. Mit Salz und Muskat würzen, zugedeckt ca. 15 Minuten garen.

5. Nach Ende der Garzeit die Hasenrücken in Alufolie wickeln und nachziehen lassen. Währenddessen den Bratenfond mit dem Gemüse pürieren, Sahne einrühren, durchkochen und würzig abschmecken.

6. Die Haselnussblättchen in einer Pfanne ohne Fett kurz anrösten und über den abgetropften Rosenkohl geben. Die Hasenrücken auslösen und mit der Soße und dem Rosenkohl anrichten.

Dazu passen Spätzle oder Kartoffelklöße.

Hasenrücken mit Maronenkruste

Zutaten:

2 Hasenrücken (küchenfertig à 600 g)
120 g Maronen aus der Dose
1 Bund Petersilie, 2 Eier
125 g Knoblauch-Butter
(z. B. von Meggle)
45 g Semmelbrösel
Salz, Pfeffer

für die Soße:
3 EL Mehl
200 ml Wildfond
250 ml Holundersaft
3 Nelken, Zucker

Zubereitung:

1. Die Maronen fein hacken. Die Petersilie waschen, trockenschütteln und fein hacken. Etwa 60 g Knoblauchbutter mit dem Handrührer aufschlagen. Die Eier dazugeben und zusammen mit Semmelbröseln, Maronen und Petersilie mischen. Anschließend die Mischung salzen und pfeffern.

2. Die Hasenrücken auf beiden Seiten des Rückgrats etwa 3 cm tief am Knochen entlang einschneiden. Das Fleisch rundherum salzen und pfeffern. Die Filets aufklappen und einen Teil der Maronen-Butter-Mischung in den Einschnitt streichen. Fleisch andrücken und restliche Mischung auf das Fleisch streichen.

3. Ein Backblech mit ca. 20 g Knoblauchbutter bestreichen. Restliche Knoblauchbutter mit dem Mehl verkneten und kalt stellen. Das Fleisch auf das Backblech legen und im vorgeheizten Backofen bei 220° C ca. 12 bis 15 Minuten braten.

4. Danach den Backofengrill etwa 3 Minuten zuschalten. Backofen ausschalten und das Fleisch ruhen lassen, bis die Soße fertig ist.

5. Wildfond, Holundersaft und Nelken aufkochen. Etwa 5 Minuten offen kochen lassen. Die Nelken aus der Soße nehmen und die Mehl-Knoblauchbutter nach und nach einrühren. Die Soße mit Zucker, Salz und Pfeffer abschmecken und nur noch leicht köcheln lassen. Das Hasenfleisch vorsichtig vom Knochen lösen und in Scheiben schneiden. Mit der Holundersoße servieren.

Kaninchenrücken mit Apfelsosse

Zutaten:

40 g USA-Sonnenblumenkerne
2 große, kochfeste Äpfel
Saft von 1 Zitrone
2 Zwiebeln
50 g Butter
1/2 TL Salz
2 EL Ahornsirup
1/2 TL süß-sauer eingelegter Ingwer
1 Schuss trockener Weißwein
200 ml süße Sahne
200 ml Kalbsfond
4 Kaninchenrücken
2 EL Sonnenblumenöl

Zubereitung:

1. Den Backofen auf 225° C vorheizen. Die Sonnenblumenkerne rösten. Die Äpfel waschen, schälen, das Kernhaus entfernen und das Fruchtfleisch in kleine Würfel schneiden. Gleich in Zitronenwasser legen, damit sie nicht braun werden.

2. Die Zwiebeln klein würfeln und in der Butter andünsten.

3. Die Apfelwürfel abtropfen lassen, mit dem Salz, dem Ahornsirup und dem gehackten Ingwer zu den Zwiebeln geben. 2 Minuten dünsten, mit dem Weißwein ablöschen und aufkochen lassen. Dann die Sahne und die Hälfte des Kalbsfonds dazugeben.

4. Die Kaninchenrücken waschen, trockentupfen, in einem Bräter ringsherum im erhitzten Sonnenblumenöl anbraten. Im Backofen auf mittlerer Schiene 30 Minuten garen. Dabei wiederholt mit dem restlichen Kalbsfond begießen. Nach Ablauf der Zeit die Kaninchenrücken erst in Alufolie und dann in ein Küchentuch wickeln.

5. Den Bratenfond mit den Sonnenblumenkernen in die Soße geben und erhitzen. Die Rückenfilets auslösen, schräg schneiden und auf der Soße anrichten.

Dazu passt am besten Reis.

Wildkaninchen

Geschmortes Kaninchen

Zutaten:

50 g Deutsche Butter
70 g durchwachsener Räucherspeck
1 Kaninchen (1,5-2 kg, vom Schlachter in 8 Stücke zerlegt)
4 EL Mehl
400 g kleine Zwiebeln
2 Knoblauchzehen
1 Bund Frühlingszwiebeln
1 l Rotwein
3 Scheiben Roggen-Vollkornbrot
2-3 Lorbeerblätter, 4 Gewürznelken
1 Becher süße Sahne
Salz, Pfeffer

Zubereitung:

1. Den Speck in Würfel schneiden, die Speckwürfel in einem großen Schmortopf auslassen. Die Speckwürfel mit einer Schaumkelle herausnehmen und beiseite stellen.

2. Die Zwiebeln schälen, halbieren oder vierteln. Die Frühlingszwiebeln putzen und in grobe Stücke schneiden, die Knoblauchzehen schälen und zerdrücken.

3. Die Kaninchenstücke in Mehl wenden und im Speckfett anbraten. Die Butter dazugeben.

4. Das Gemüse zu dem Kaninchen geben, mit Rotwein aufgießen und aufkochen lassen. Das Brot und die Gewürze dazugeben, mit Salz und Pfeffer würzen.

5. Den Topf verschließen und das Ganze im vorgeheizten Backofen bei 200° C ca. 60 bis 75 Minuten schmoren lassen.

6. Das Kaninchenfleisch aus dem Topf nehmen, die Soße durch ein Sieb schütten, in einem Topf auffangen. Die Soße nochmals erhitzen, die Sahne einrühren, mit Salz und Pfeffer abschmecken. Fleischstücke, Gemüse und Soße zusammen in einer Schüssel anrichten und servieren.

Geschmorte Kaninchenkeulen

Zutaten:

600 g kleine Kartoffeln
2 Stangen Lauch
4 Stangen Staudensellerie
4 Kaninchenkeulen
Pfeffer, 2 EL Bratfett
3 Knoblauchzehen
1 Bund Thymian
2 EL Fenchelsamen
1 EL Kardamomsamen
1 Lorbeerblatt
1/8 l Weißwein
1 l Wasser oder Gemüsebrühe
1/8 l Sojasoße (z. B. von Kikkoman)
2 EL Honig
100 g Dörraprikosen
Salz

Zubereitung:

1. Die Kartoffeln schälen, den Lauch und den Sellerie putzen, in 1 cm breite Scheiben bzw. Ringe schneiden.

2. Die Kaninchenkeulen pfeffern und in einem Schmortopf anbraten.

3. Den Knoblauch, den Thymian, die Fenchelsamen, die Kardamomsamen und das Lorbeerblatt hinzufügen. Mit Weißwein ablöschen und einkochen. Die Brühe, die Sojasoße und den Honig dazugeben. Anschließend in den auf 200° C vorgeheizten Backofen schieben. Nach 30 Minuten die Kartoffeln, den Lauch, den Sellerie und die Dörraprikosen dazugeben und weitere 30 Minuten schmoren lassen.

4. Die Kaninchenkeulen herausnehmen, die Soße mit Salz und Pfeffer abschmecken.

KIKKOMA

Ente mit Apfel-Calvados-Sosse

Zutaten:

2 Wildenten
4 Äpfel
4 cl Calvados
1/4 l Geflügelbrühe
1 Becher süße Sahne
2 EL Bratfett
Salz
Pfeffer

Zubereitung:

1. Die Wildenten bratfertig machen, noch vorhandene Federn mit einer Pinzette auszupfen, die Enten von innen und außen mit Salz und Pfeffer würzen. Danach in einen Schmortopf geben, das Bratfett hinzufügen und im vorgeheizten Backofen bei 180° C ca. 40 Minuten braten. Während dieser Zeit die Enten ab und zu mit dem Bratfett übergießen.

2. Die Äpfel waschen, vierteln, entkernen und in Würfel schneiden. Die Hälfte der Apfelwürfel zu den Wildenten in die Bratform geben und kurz mitbraten lassen.

3. Die Wildenten aus dem Ofen nehmen, zerteilen und warm stellen.

4. Die Geflügelbrühe in den Schmortopf gießen und den Bratensatz ablösen. Mit der Sahne aufgießen und pürieren. Die restlichen Äpfel und den Calvados unterrühren, mit Salz und Pfeffer abschmecken.

5. Die Apfelsoße auf Teller geben, die Wildententeile darauf setzen und servieren.

Hinweis:
Bei jungen Wildenten ist es fast nicht möglich, das feine Untergefieder vollständig zu entfernen.

Wildente

Wildente mit Waldhonigsosse

Zutaten:

2 Wildenten
3 EL Bratfett
100 g Waldhonig
1 Bund Thymian
20 g Ingwer
1 EL Zitronensaft
3 EL Sojasoße
Pfeffer

Zubereitung:

1. Die Wildenten bratfertig machen, evtl. noch vorhandene Federn mit einer Pinzette herauszupfen. Die Wildenten müssen nicht gewürzt werden.

2. Den Thymian abbrausen, ausschütteln und die Blätter von den Stielen zupfen. Den Ingwer schälen und fein reiben. Aus dem Waldhonig, dem Ingwer, dem Zitronensaft, der Sojasauce und Pfeffer eine Marinade herstellen.

3. Die Wildenten über mehrere Stunden immer wieder mit der Marinade einpinseln und trocknen lassen. Das Ganze wiederholen, bis die gesamte Marinade verbraucht ist.

4. Die Wildenten in einen Schmortopf geben, das Bratfett hinzufügen und im vorgeheizten Backofen bei 180° C ca. 40 Minuten braten. Während dieser Zeit die Enten immer wieder mit dem Bratfett übergießen.

5. Die Wildenten aus dem Ofen nehmen und servieren.

Waldhonig
WERNET HONIG
EIN GESCHENK DER NATUR

Gebratene Wildente auf Kürbis

Zutaten:

2 Wildenten
2 EL Bratfett
1 Bund gemischte Kräuter
500 g Kürbis
2 EL Butter
2 EL Zucker
Muskat
Salz
Pfeffer

Zubereitung:

1. Die Wildenten bratfertig machen, noch vorhandene Federn mit einer Pinzette herauszupfen, die Enten von innen und außen mit Salz und Pfeffer würzen. Die Kräuter waschen, trockenschütteln und in die Wildenten geben.

2. Die Wildenten in einen Schmortopf legen, das Bratfett auf die Enten streichen und diese im vorgeheizten Backofen bei 180° C ca. 40 Minuten braten. Während dieser Zeit die Enten ab und zu mit dem Bratfett übergießen.

3. Den Kürbis zerteilen, die Kerne entfernen, die Schale mit einem Messer abschneiden und das Fruchtfleisch raspeln.

4. 10 Minuten, bevor die Enten fertig sind, die Butter in einem Topf schmelzen, das Kürbisfleisch dazugeben und bei geringer Hitze unter Rühren ca. 5 Minuten dünsten. Mit Zucker, Muskat, Salz und Pfeffer abschmecken. Auf Tellern anrichten.

5. Die Enten zerteilen, auf das Kürbisgemüse setzen und servieren.

Fasan im Salzmantel

Zutaten:

1 Fasan
1 Bund gemischte Kräuter
2 Knoblauchzehen
2 kg Salz
80 g Mehl
80 g Speisestärke
200 g Eiweiß

Zubereitung:

1. Den Fasan waschen, trockentupfen. Die Kräuter abbrausen, ausschütteln und mit dem Knoblauch in den Fasan geben.

2. Das Eiweiß steif schlagen, mit dem Salz, dem Mehl und der Speisestärke vermischen.

3. Ein Backblech mit Backpapier auslegen. 1/3 des Teiges in der Größe des Fasans auf das Backpapier geben, den Fasan darauf setzen und ihn mit dem Rest des Teiges vollständig einhüllen.

4. Den Fasan im vorgeheizten Backofen bei 180° C ca. 1 1/2 Stunden backen.

5. Den Fasan aus dem Ofen nehmen, ca. 5 bis 10 Minuten abkühlen lassen, die Salzkruste mit einem Hammer zerschlagen und den Fasan servieren.

Fasan

Fasanenbruststreifen auf Salat

Zutaten:

300 g Fasanenbrust
verschiedene Salate
2 Schalotten
50 g Pfifferlinge
50 g Champignons
1 EL Senf
2 EL Balsamicoessig
3 EL Olivenöl
Zucker, Salz, Pfeffer

Zubereitung:

1. Die Salate verlesen, waschen und abtropfen lassen. Den Salat auf vier Tellern verteilen.

2. Die Pfifferlinge und die Champignons putzen, die Champignons in Scheiben schneiden. Die Schalotten schälen und in kleine Würfel schneiden.

3. Öl in einer Pfanne erhitzen und die Fasanenbrust von beiden Seiten ca. 3 Minuten braten. Die Fasanenbrust aus der Pfanne nehmen und warm stellen.

4. Die Champignons und die Pfifferlinge in die Pfanne geben und braten. Die Pilze auf dem Salat verteilen.

5. In der gleichen Pfanne die Schalotten anbraten, dann den Balsamicoessig, das Olivenöl, den Senf, den Zucker, das Salz und den Pfeffer einrühren und abschmecken.

6. Die Fasanenbrust in Streifen schneiden und auf den Salat geben. Die Marinade darüber löffeln und das Ganze servieren.

7. Besonders schön sieht dieser Salat aus, wenn Sie ihn mit Kapuzinerkresse dekorieren.

Gebeizter Fasan mit Bratäpfeln

Zutaten:

1 Fasan
für die Beize:
120 g Pökelsalz
1 l Wasser
1 TL Wachholderbeeren
2 Nelken
1 Lorbeerblatt
1 Thymianzweig
3 Knoblauchzehen
1 TL Pfefferkörner

1/4 l Weißwein
3 EL Zucker
2 EL Butterschmalz
200 g Waldpilze
3 EL Butter
1 Bund gemischte Kräuter
1/2 Bund Petersilie
4 Äpfel
1 kleines Glas Preiselbeeren
Salz, Pfeffer

Zubereitung:

1. Den Fasan waschen, evtl. noch vorhandene Federn entfernen.

2. Alle Zutaten für die Beize in einen Topf geben, aufkochen und erkalten lassen. Den Fasan in eine Schüssel legen, und mit der Beize bedecken. Der Fasan sollte mindestens drei Tage in der Beize verbleiben.

3. Den Fasan aus der Beize nehmen, gut abtropfen lassen und die gemischten Kräuter in das Innere des Fasans geben.

4. Eine feuerfeste Form mit dem Butterschmalz ausstreichen, den Fasan in die Form geben und das Ganze im vorgeheizten Backofen bei 180° C ca. 60 Minuten braten. Während dieser Zeit den Fasan immer wieder mit der entstandenen Flüssigkeit übergießen.

5. Die Äpfel waschen und die Kerne ausstechen, die Äpfel mit etwas Butter in eine Auflaufform geben. 15 Minuten, bevor der Fasan fertig ist, die Äpfel mit in den Ofen geben.

6. Die Pilze gründlich putzen. Die Petersilie abbrausen und grob hacken. Die Butter in einer Pfanne schmelzen und die Pilze darin braten. Die Pilze mit Salz und Pfeffer würzen, die Petersilie darüber streuen.

7. Die Waldpilze auf eine Platte geben, den Fasan und die Bratäpfel darauf setzen und servieren.

Hinweis:
Dieses Rezept eignet sich besonders für ältere Fasane.

Rebhuhn auf Balsamico-Schalotten

Zutaten:

4 Rebhühner
3 EL Butterschmalz
500 g Schalotten
200 g Cocktailtomaten
3 EL Olivenöl
4 EL brauner Zucker
6 EL Balsamicoessig
3 EL Zitronensaft
Salz
Pfeffer

Zubereitung:

1. Die Rebhühner bratfertig machen, innen und außen würzen. Das Butterschmalz in eine Bratform geben, die Rebhühner hineinlegen und im vorgeheizten Backofen bei 180° C ca. 45 Minuten braten. Das Geflügel immer wieder mit dem entstandenen Bratensaft übergießen.

2. Die Schalotten schälen, größere zerteilen. Die Tomaten waschen und trockentupfen.

3. Das Olivenöl in einer Pfanne erhitzen, die Schalotten darin 8 Minuten braten. Den Zucker darüber streuen und karamellisieren. Mit dem Balsamicoessig ablöschen, den Zitronensaft dazugeben, mit Salz und Pfeffer würzen. Die Cocktailtomaten zu den Zwiebeln geben und ca. 3 Minuten ziehen lassen.

4. Das Gemüse auf vier Tellern verteilen und je ein Rebhuhn darauf setzen.

Rebhuhn

Rebhuhn mit Kastaniensosse

Zutaten:

4 Rebhühner
3 EL Bratfett
1 Glas eingelegte Esskastanien
50 g Butter
1 EL Zucker
1/4 l Gemüsebrühe
1 Becher süße Sahne
2 cl Weinbrand
1 Zweig Thymian
1 Packung Wildreis
Salz, Pfeffer

Zubereitung:

1. Die Rebhühner bratfertig machen, mit Salz und Pfeffer würzen. Die Rebhühner mit dem Bratfett in eine Bratform geben und im vorgeheizten Backofen bei 180° C ca. 45 Minuten braten. Übergießen nicht vergessen.

2. Den Wildreis nach Packungsanweisung kochen.

3. Die Esskastanien durch ein Sieb abschütten. Die Butter in einem Topf schmelzen, die Hälfte der Kastanien mit dem Zucker darin karamellisieren. Mit der Sahne und der Gemüsebrühe aufgießen, den Thymianzweig hineingeben, ca. 7 Minuten köcheln lassen, den Thymianzweig aus der Soße nehmen.

4. Die Kastaniensoße mit einem Pürierstab pürieren und mit dem Weinbrand, Salz und Pfeffer abschmecken. Die restlichen Kastanien in die Soße geben und nochmals erwärmen.

5. Die Rebhühner aus dem Ofen nehmen, zerteilen, zusammen mit der Soße und dem Wildreis servieren.

Geschmortes Rebhuhn mit Estragon

Zutaten:

4 Rebhühner
2 EL Zitronensaft
8 Estragonzweige
50 g Butter
2 Schalotten
1/8 l Weißwein
1/4 l Geflügelbrühe
1 Becher Crème fraîche
2 Eigelb
2 EL Senf
Salz, Pfeffer

Zubereitung:

1. Die Rebhühner bratfertig machen, mit Zitronensaft einreiben, mit Salz und Pfeffer würzen. Je einen Estragonzweig in die Bauchhöhle der Rebhühner geben.

2. Die Schalotten schälen und in kleine Würfel schneiden. Die restlichen Estragonblätter von den Stielen zupfen.

3. Die Butter in einem Bräter schmelzen, die Rebhühner darin von allen Seiten anbraten. Die Schalotten und den Estragon zu den Rebhühnern geben und kurz anbraten.

4. Die Geflügelbrühe und den Weißwein dazugießen und bei geschlossenem Deckel ca. 35 Minuten schmoren.

5. Die Rebhühner aus dem Topf nehmen und warm stellen. Die Crème fraîche, die Eigelbe und den Senf in die Soße einrühren, mit einem Pürierstab aufschäumen, mit Salz und Pfeffer würzen. Die Soße sollte nicht mehr kochen, da sonst das Eigelb gerinnt.

6. Die Rebhühner zerteilen und mit der Estragonsoße servieren.

Ca Ernesto

Wachteln auf Weinsauerkraut

Zutaten:

4 Wachteln
2 EL Bratfett
1 EL Honig
1 TL Paprikapulver
750 g Sauerkraut
200 g geräucherter Bauchspeck
2 EL Öl
1 Zwiebel
2 Äpfel
1/4 l Weißwein
1 Lorbeerblatt
4 Wacholderbeeren
1 EL Zucker
Salz
Pfeffer

Zubereitung:

1. Die Wachteln bratfertig machen, innen und außen mit Salz und Pfeffer würzen. Den Honig und das Paprikapulver in eine Schüssel geben und mit etwas Wasser verrühren.

2. Das Fett in eine Bratform geben und die Wachteln hineinlegen. Im vorgeheizten Backofen bei 180° C ca. 25 Minuten braten. Während dieser Zeit immer wieder mit der Honig-Paprikamischung bestreichen.

3. Die Zwiebel schälen und fein hacken, den Bauchspeck in Würfel schneiden.

4. Das Öl in einem Topf erhitzen, die Zwiebel und den Bauchspeck hineingeben und anbraten. Das Sauerkraut in den Topf geben, kurz anbraten und mit dem Weißwein aufgießen. Die Gewürze darüber streuen und bei geschlossenem Deckel ca. 15 Minuten garen.

5. Die Äpfel schälen und mit einer feinen Reibe in das fertige Sauerkraut raspeln und unterrühren, mit Salz und Pfeffer abschmecken.

6. Die Wachteln aus dem Ofen nehmen und auf dem Sauerkraut servieren.

Wachtel

Gefüllte Wachteln im Speckmantel

Zutaten:

4 Wachteln
200 g Speck in Scheiben
1 EL Butterschmalz

für die Fülle:
100 g Toastbrot
40 g Butter
1 Schalotte
2 Eier
100 g Geflügelleber
1/2 Bund Petersilie

für die Soße:
200 g Trauben
1/4 l Weißwein
1 TL Speisestärke
1 EL Zucker
Salz, Pfeffer

Zubereitung:

1. Die Petersilie abbrausen, ausschütteln und die Blätter von den Stielen zupfen. Die Schalotte schälen und würfeln. Die Geflügelleber in kleine Stücke schneiden, mit der Schalotte und der Petersilie in eine Küchenmaschine geben und fein pürieren.

2. Das Toastbrot in Würfel schneiden, die Butter in einer Pfanne schmelzen und die Brotwürfel darin goldbraun rösten. Die gerösteten Brotwürfel mit den Eiern und der Geflügelleber vermengen, mit Salz und Pfeffer würzen, ca. 15 Minuten ziehen lassen.

3. Die Wachteln bratfertig machen, mit Salz und Pfeffer würzen. Die Fülle in die Wachteln geben und die Öffnung mit einem Zahnstocher verschließen. Die Wachteln mit dem Speck umwickeln, mit dem Butterschmalz in einen Brattopf geben und im vorgeheizten Backofen bei 180° C ca. 40 Minuten braten.

4. Die Weintrauben waschen halbieren und größere Kerne entfernen.

5. Die Wachteln aus dem Ofen nehmen und warm stellen. Den Weißwein in den Bratenfond gießen und damit ablöschen. Die Speisestärke mit etwas Wasser glatt rühren, in die Soße einrühren und aufkochen lassen. Die Weintrauben dazugeben mit Zucker, Salz und Pfeffer abschmecken.

6. Die Wachteln auf der Weintraubensoße servieren.

Wildtauben-Nockerln auf Salat

Zutaten:

4 Tauben
2 EL Bratfett
1 Becher Crème fraîche
1 kleine Chilischote
1/2 Bund Petersilie
50 g Pistazien
2 cl Weinbrand
Salz, Pfeffer
verschiedene Blattsalate
1 Schalotte
5 EL Balsamicoessig
3 EL Olivenöl, 1 EL Zucker

Zubereitung:

1. Die Tauben bratfertig machen und mit einer Geflügelschere zerteilen, mit Salz und Pfeffer würzen. Das Bratfett in einer Pfanne erhitzen und die Tauben darin braten. Wenn die Tauben gar sind, aus der Pfanne nehmen und auskühlen lassen. Das Fleisch von den Knochen lösen und größere Stücke klein schneiden.

2. Die Chilischote halbieren, die Kerne entfernen, die Petersilie abbrausen, ausschütteln, die Blätter von den Stielen zupfen, mit den Pistazien fein hacken.

3. Das Taubenfleisch mit der Crème fraîche und dem Weinbrand in eine Küchenmaschine geben und zu einer feinen Masse verarbeiten. Die Chili, die Petersilie und die Pistazien in die Masse einarbeiten, mit Salz und Pfeffer abschmecken. Im Kühlschrank zugedeckt ca. einer Stunde ziehen lassen.

4. Den Salat verlesen, waschen und aus der fein gehackten Schalotte Essig, Öl, Zucker, Salz und Pfeffer eine Salatmarinade herstellen.

5. Den Salat auf Tellern verteilen, aus der Fleischmasse mit zwei Löffeln Nockerln formen, auf den Salat geben und die Marinade darüber träufeln.

Wildtauben

Wildtauben-Suppe mit Pilznockerln

Zutaten:

2 Tauben
1,5 l Wasser
1 Stange Lauch
3 Karotten
2 Zwiebeln
1/2 Sellerieknolle
1 Petersilienwurzel
1 Bund Petersilie
1 Lorbeerblatt
4 Nelken, Salz, Pfeffer
1 EL schwarze Pfefferkörner

für die Nockerln:
200 ml Milch
60 g Weizengrieß
20 g getrocknete Steinpilze
1 Ei, Muskat, Salz

Zubereitung:

1. Die Tauben in einem hohen Topf mit kaltem Wasser aufsetzen und zum Kochen bringen. Nach dem ersten Aufkochen die Hitze reduzieren, etwas salzen und die Tauben ca. 1 Stunde köcheln lassen. Bildet sich während des Kochens Schaum an der Oberfläche, wird dieser mit einer Kelle immer wieder abgeschöpft, damit die Brühe klar bleibt.

2. Das Gemüse waschen, schälen oder putzen und in Stücke schneiden. Nach 30 Minuten das vorbereitete Gemüse, die Kräuter und die Gewürze in den Topf geben.

3. Die Tauben aus der Brühe nehmen, das Fleisch von den Knochen lösen und in Streifen schneiden. Die Brühe durch ein Sieb in einen zweiten Topf abschütten, mit Salz und Pfeffer würzen und das Fleisch hineingeben.

4. Die Steinpilze in eine Schüssel geben und mit heißem Wasser übergießen. Wenn die Steinpilze richtig aufgequollen sind, aus dem Wasser nehmen, ausdrücken und in feine Würfel schneiden. Die Milch aufkochen, den Grieß einstreuen, so lange rühren, bis er sich vom Topf löst, beiseite stellen und erkalten lassen. Das Ei und die Steinpilze in die Grießmasse einrühren, mit zwei Löffeln Nockerln formen und im Salzwasser ca. 5 Minuten köcheln.

5. Die Nockerln mit einem Schaumlöffel aus dem Wasser nehmen, in die Wildtauben-Suppe einlegen und servieren.

Perlhuhn mit Orangen-Chilly-Sosse

Zutaten:

2 Perlhühner
2 EL Bratfett
4 Orangen
100 ml Geflügelfond
1 Becher süße Sahne
1 Chilischote
Salz
Pfeffer

Zubereitung:

1. Die Perlhühner bratfertig machen und mit Salz und Pfeffer würzen, anschließend mit dem Bratfett in einen Brattopf geben und im vorgeheizten Backofen bei 180° C ca. 60 Minuten braten. Übergießen nicht vergessen.

2. Zwei der Orangen auspressen, die zwei anderen filetieren. Die Chilischote halbieren, entkernen und in feine Streifen schneiden.

3. Die Perlhühner aus dem Topf nehmen und warm stellen.

4. Den Geflügelfond, den Orangensaft und die Sahne in den Brattopf geben, den Bratensatz loskochen und die Flüssigkeit auf 1/3 reduzieren. Die Chilistreifen und die Orangenfilets in die Soße geben, mit Salz und Pfeffer würzen.

5. Die Perlhühner zerteilen und mit der Soße servieren.

Perlhuhn

Perlhuhn mit Oliven-Oregano-Fülle

Zutaten:

2 Perlhühner
2 EL Bratfett
200 g Weißbrot
1/8 l Milch, 1 Ei
50 g grüne Oliven
1/2 Bund Oregano
2 Fenchelknollen
4 Tomaten
2 EL schwarze Oliven
1 EL Zucker
2 EL Öl
Salz, Pfeffer

Zubereitung:

1. Das Weißbrot in Würfel schneiden, die Milch aufkochen und über die Weißbrotwürfel gießen. Die grünen Oliven abschütten und in Ringe schneiden. Die Blätter des Oregano von den Stielen zupfen und fein hacken.

2. Die Oliven, den Oregano und das Ei in die Weißbrotmasse geben, vermischen, mit Salz und Pfeffer würzen.

3. Die Perlhühner bratfertig machen, außen mit Salz und Pfeffer würzen, die Brotmasse in die Perlhühner füllen und die Öffnungen mit einem Zahnstocher verschließen.

4. Die Perlhühner mit dem Bratfett in einen Brattopf geben und im vorgeheizten Backofen bei 180° C ca. 60 Minuten braten. Übergießen nicht vergessen.

5. Die Fenchelknollen putzen, die Tomaten waschen und beides vierteln. Die schwarzen Oliven halbieren. Das Öl in einer Pfanne erhitzen, den Fenchel darin anbraten, den Zucker darüber streuen und karamellisieren lassen.

6. Die Oliven und die Tomaten dazugeben, kurz mitbraten, auf Tellern verteilen. Die Perlhühner halbieren, auf das Gemüse setzen und servieren.

Register

Wir danken folgenden Firmen für ihre freundliche Unterstützung:

Ketchum GmbH
- Californische Mandeln 14
- CMA Butterschmalz 26, 44
- CMA Deutsche Butter 50
- Kikkoman 52
- Meggle 46
- USA-Sonnenblumenkerne 12, 48
The Food Professionals Köhnen GmbH
- Geti Wilba/Gut Adlersreuth Titelbild, 16, 20, 24, 40, 42

Genehmigte Lizenzausgabe
EDITION XXL GmbH
Reichelsheim 2004

Fotos: Food in Wort und Bild, Sigmarszell
Küche: Corrina Brunner
Layout und Satz: Bärbel Bach

ISBN 3-89736-120-5